Lisa May • *Gedichte und Lyrik*

AF280897

Lisa May
Die Liebe und was uns bewegt

Gedichte und Lyrik
mit Fotografien von Lisa May

*Für Bärbel und Papi, die mir so manchen Lebenstipp
gaben, der mich zwischenmenschlich sehr
bereichert hat.*

(c) 2002 by Lisa May
1.Auflage
Herstellung: Books on Demand GmbH
Fotos: Lisa May
www.lisa-may.de
info@lisa-may.de
Printed in Germany
ISBN 3-8311-4089-8

Inhaltsverzeichnis

Der Weg

Da lag er, der Weg, direkt vor mir,
wie ein gefährliches, aber ruhiges Tier,
ich wusste, da musste ich lang,
und auf einmal war mir so bang.

Ich weiß nicht, warum er mir Angst machte,
besser wäre, wenn ich darüber lachte,
aber zum Lachen war mir nicht zumute,
ich hatte Angst, dass ich innerlich verblute.

Der Weg ließ mein Herz sehr viel höher schlagen,
er machte mich zum Mensch mit einsamen Tagen,
ich wusste, andere waren den Weg auch gegangen,
doch mich hielt er die ganze Zeit gefangen.

Ich dachte damals: 'ja doch, ich will ihn ja gehen,
sträube mich auch, hier so zu stehen!'
Doch der Schritt war so unglaublich groß,
wie ein Koloss von Berg, bewachsen mit Moos.

Ach, könnte ich auf dem Berg nur liegen,
vielleicht zwischen meckernden Ziegen,
die einem Ruhe, Freiheit und Kraft geben,
ich verwarf den Gedanken, er war zu verwegen.

Man merkt, ich schweifte immer wieder ab,
dieser verdammte Weg hielt mich innerlich auf Trapp,
ich hatte große Angst vor diesem Schritt,
mein Herz klopfte, nahm mich alles ganz schön mit.

Ich straffte mich, befahl mir: 'bitte geh ihn!'
Ich tat es! Schwankend, wie mir damals schien,
aber ein kleiner Anfang war auf einmal da,
Kraft und Atem waren bei mir ganz schön rar.

Ich war trotzdem stolz über diesen Entschluss,
spürte, mein Körper konnte es, war für ihn ein Muss,
'Ja, mach weiter!', spornte ich mich wieder an,
hoffte, es würde vorbei sein, ehe ich mich besann.

Und plötzlich war ich angekommen,
ich hatte keinen Schmerz vernommen,
es war eigentlich ziemlich leicht,
wunderte mich, dass es für den Weg schon reicht.

Nun weiß ich, man kann Vieles schaffen,
indem man sich zwingt, sich aufzuraffen,
und nicht immer sagt: 'das kann ich nicht!',
sondern auf die Stimme hört, die es einem innerlich
verspricht.

Was ist passiert?

Was ist passiert?
Du stehst vor mir,
Du blutest,
kannst nicht sprechen,
bist blass,
hast geweint,
war es der Schmerz,
oder war's Angst?

Was ist passiert?
Du antwortest nicht,
ich frage wieder,
doch Du schweigst.
Kann doch nicht sein,
bist verletzt
und redest nicht,
gibst keine Antwort.

Was ist passiert?
Ich berühre Dich,
Du zuckst zurück,
eine weitere Träne fällt.
armes Kind,
komm doch mal her,
wo warst Du denn,
war's ein anderer?

Was ist passiert?
Kann es nicht mit ansehen,
wie Du da stehst,
und weinst,
still vor Dich hin,
als wärst Du alleine,
als wärst Du noch dort,
ohne irgendjemanden.

Was ist passiert?
So rede doch,
wie lange soll ich denn bitten,
wie lange willst Du so stehen?
Ich gehe auf Dich zu,
Du weichst zurück.
hab keine Angst,
hab Vertrauen!

Was ist passiert?
Ich rede ruhig,
sage, Du bist jetzt hier,
nichts kann Dir mehr passieren.
Auf einmal, da schaust Du hoch,
siehst mich an.
Mein Herz schlägt schneller,
ich habe Dein Vertrauen.

Was ist passiert?
Ich frage es ruhig,
mit viel Gefühl,
ganz leise,
ein Wunder, dass Du es hörst.
Deine Mundwinkel zucken,
ich hänge an ihnen,
Du willst es sagen.

Was ist passiert?
frag' ich nicht noch einmal,
habe Geduld,
lasse Dich kommen,
Du bist bereit, es zu erzählen.
Sehe Dich offen an,
ich bin bereit, Dich zu verteidigen,
fiebere auf Dein Wort.

Was ist passiert?
Das fragst Du Dich selber,
es ginge so schnell,
war fix vorüber,
ein Augenblick,
ein Sekundenschlag,
spürtest erst nichts,
dann sehr viel.

Was ist passiert?
Du fielst,
ganz tief,
von oben herab,
nicht lang, nur kurz,
tat trotzdem weh,
war Dir peinlich,
vom Kinderklettergerüst.

Wo bleibst Du?

Ich sitze schon lange in diesem Café,
draußen ist's kalt, alles ist voller Schnee,
ich warte auf Dich schon ziemlich lange,
vor mir steht Kaffe und Milch in einer Kanne.

Der Typ vom Nebentisch, der schaute ständig,
er redet schnell, ist ziemlich wendig,
er geht mir so dermaßen auf die Nerven,
kann meinen Sinn für Dich kaum schärfen.

Er setzte sich einfach rüber an meinen Tisch,
bestellte sich einen Teller gebratenen Fisch,
ich traute meinen Augen kaum,
mitten im Café! Ist das ein Traum?

Keiner hielt ihn davon ab,
er brachte sich selber immer wieder auf Trapp,
ich habe es ihm nicht verboten,
diesem eigensinnigen Chaoten.

Er ist ja ganz witzig und amüsant,
aber ich wäre jetzt lieber mit Dir am Strand,
anstatt diesen sonderbaren Geschichten zu lauschen
und oberflächlich mit ihm zu plauschen.

Er scheint mein Desinteresse nicht zu merken,
es scheint seinen Redefluss noch zu bestärken,
ich finde das anstrengend und macht mich müde,
rede trotzdem mit ihm, bin ja keine Kühle.

Doch so langsam könntest Du nun endlich kommen,
bin von dem vielen Reden schon wie benommen,
ich trinke bereits den zweiten Cappuccino,
und flirte mit dem höflichen Oberkellner Nino.

Auch das scheint diesen Typen nicht zu stören,
er glaubt wohl, seine Worte würden mich betören,
verzweifelt schaue ich nach draußen in den Schnee,
trinke versonnen mein drittes Getränk, einen Tee.

Dann reicht es mir, bin eigentlich sauer,
verabschiede mich nett, allerdings wie durch'ne Mauer,
nehme meinen Mantel, plötzlich wie in Trance,
denn da stehst Du! Gebe ich Dir jetzt noch eine Chance?

Ich weiß es nicht, ich will nur weg,
das hat doch alles gar keinen Zweck,
ich gehe an Dir vorbei mit Stolz, das ist ein Muss,
Du packst mich und gibst mir den ersehnten Kuss.

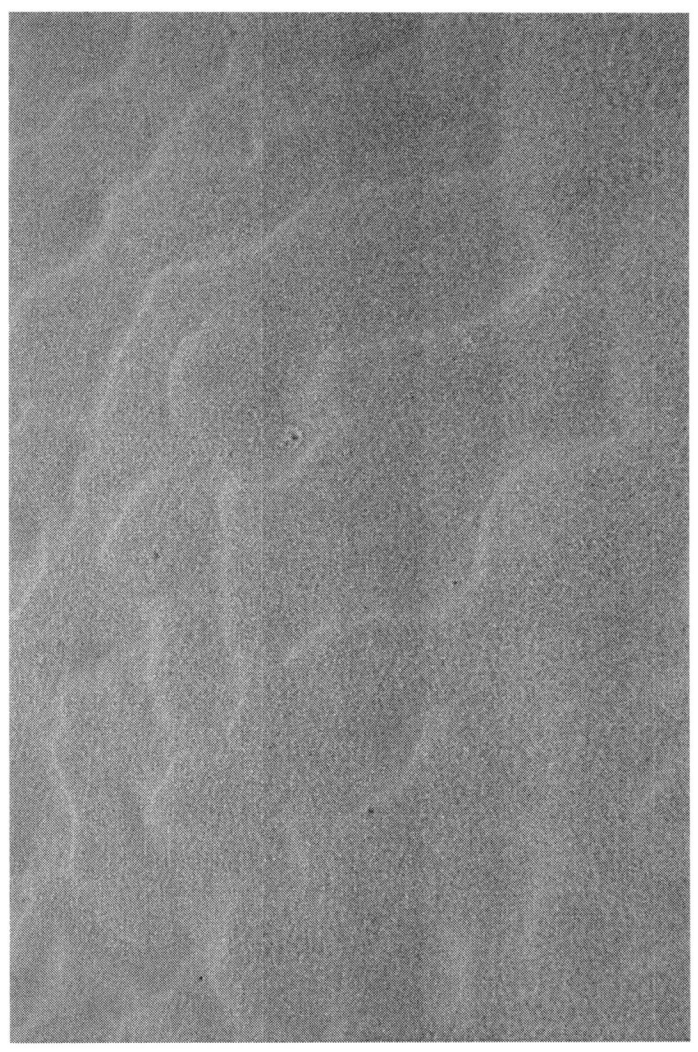

Warum?

Warum gehst Du einfach fort,
an irgend einen anderen Ort,
ohne mich, Deine Süße, mit im Schlepp,
aber genossen hast Du mich im Bett.

Warum tust Du das einfach so,
ich weiß noch, wie's anfing mitten im Büro,
damals dachte ich: 'Donnerwetter, gut sieht er aus!',
heute bist Du nur noch eine graue Maus.

Warum willst Du einfach gehen?
Wollen wir uns denn nie mehr wieder sehen?
Du willst, dass ich mich nach Dir sehne?
da liegst Du falsch, zeige Dir nur meine Zähne.

Warum willst Du mich verlassen,
es gibt keinen Grund, dass wir uns hassen.
Du weißt doch, ich liebe Dich sehr,
was willst Du denn noch mehr.

Warum hast Du vor, zu scheiden?
Ich finde es falsch, kann diese Art nicht leiden,
mag nicht, wie Du mich jetzt beguckst,
sieht aus, als wenn Du Dich verschluckst.

Warum siehst Du mich so merkwürdig an?
Ich habe diesen Schritt nicht getan.
Ich kann mich getrost zurücklehnen,
aber bitte, mach Du mir jetzt keine Szenen.

Warum fällt es Dir so wahnsinnig schwer,
denkst Du, das glaubt Dir noch irgendwer?
Tut mir leid, aber ich ganz bestimmt nicht!
Suchst Du jetzt Mitleid in meinem Gesicht?

Warum gehst Du denn nicht endlich,
ich finde, es wäre jetzt selbstverständlich.
Habe keine Lust, es länger zu ertragen,
Dein geliebtes Gesicht aus den guten Tagen.

Warum willst Du eigentlich fort,
stehst da in der blauen Hose, glaube, es ist Cord.
Sieh mich an, willst Du diesen schrecklichen Verzicht?
Ich habe das Gefühl, Du willst es nicht.

Warum quälst Du Dich wie kein Zweiter,
von mir aus leben wir zusammen weiter,
entscheide Dich, neu und ehrlich.
Was ist für Dich daran so gefährlich?

Warum sitzt Du jetzt auf meinem Bett?
Erinnerst Du Dich, dass es mehr war, als nur nett,
wir hatten sehr viel Spaß, wir zwei.
Weißt Du noch, wir bewarfen uns damals mit Brei.

Warum lächelst Du nun?
Hat es etwas mit unseren Erinnerungen zu tun?
Ach, ich finde Dich einfach so unglaublich klasse,
Du hebst Dich ab von der tristen Masse.

Warum streichelst Du mich jetzt über meinen Arm?
Ich lächle, um mein Herz wird es ganz warm.
Wir lassen uns rücklings fallen aufs Bett
und Gott sei Dank, es beginnt alles wieder von A bis Z.

Sie

Er tritt aus dem Haus,
es ist noch früh,
es ist frisch,
egal,
spielt keine Rolle,
heute ist Sonntag,
und
sonntags,
spielt nie etwas,
eine Rolle.

Es regnet,
ganz fein,
ganz leicht,
er geht los,
schnell,
hat keinen Schirm,
hat ihn vergessen,
Mist,
was soll's,
spielt auch keine Rolle.

Er geht durch den Regen,
denkt erst an sie,
seine Frau,
er hat sie betrogen,
gestern,

mit einer anderen,
denkt jetzt
an die andere,
es regnet,
noch stärker.

Er denkt weiter,
an die Blonde,
mit langen Haaren,
schöne Figur,
haben nicht viel
miteinander geredet,
eigentlich gar nicht,
war trotzdem schön,
es regnet
sehr viel stärker.

Er erinnert sich,
an das Einschlafen,
gemeinsam,
an das Aufwachen,
am nächsten Morgen,
gemeinsam,
nur er und sie,
und das Verbotene,
es fängt an,
wild zu stürmen.

Er kämpft,
sich durch den Regen,
der peitscht,
gnadenlos,
ein Sturm,
und was für einer,
Stück für Stück,
kommt er vorwärts,
er denkt,
wie eine Sintflut.

Sein Gewissen,
es regt sich,
er stellt sich vor,
wie sie wartet,
seine Frau,
seine liebliche,
mit der er redet,
und zwar so gut,
sie ist so reich,
an Worten und Witz.

Der Sturm,
er lässt etwas nach,
zum Glück,
seine Frau,
sie bringt ihn oft

zum Lachen,
bringt ihn auch
zum Weinen,
sie ist da,
für ihn.

Der Regen,
der wird weniger.
Er dreht um,
den Weg zurück,
es kommt ihm
in den Sinn,
er will
sie jetzt sehen,
seine Frau,
will mit ihr reden .

Es nieselt,
nur noch ein wenig,
aber er ist
schon nass,
wieder egal,
er ist
auf dem Weg,
zu ihr,
seiner Lieben,
seiner Liebsten.

Der Regen
ist weg,
ein Wind,
der weht noch,
als sein Schlüssel
sich dreht,
im Schloss,
er geht nach oben,
zu ihr,
sie suchen.

Ist nicht nötig,
sie zu suchen,
denn sie sitzt da,
in der Küche,
liest Zeitung,
sieht hoch,
ihn an,
lächelt,
er auch,
zum Glück.

„Was ist?",
fragt sie,
so wie immer,
er sieht sie an,
genießt ihren Anblick,
tankt Kraft,
blickt dann
aus dem Fenster,
die Sonne scheint,
ganz hell.

Das Meer

Das Meer ist klar und blau,
ab und an auch mal grau,
es kann auch grünlich sein,
aber die Farben sind nicht immer rein,
tintenschwarz ist es bei Regen,
bei Gewitter wirkt es sehr verwegen.

Das Meer ist klar und glatt,
kommt eine Wolke, so ist es matt,
weht ein Wind, so sind Wellen da,
Schiffe und Segler sind dann rar,
keiner will in das Getose hinein,
ist zu gefährlich, man bleibt daheim.

Das Meer ist klar und tief,
so manchen Seemann es rief,
er hatte an sein Schiff und sich geglaubt,
ein anderes Ende hätte er nicht erlaubt,
so ruht er tief unten in aller Stille,
er wollte es, es war sein Wille.

Das Meer ist klar und bunt,
so mancher wollte wissen, ist es rund?
oben reichen die Farben von schwarz bis blau,
unten gibt es durch die Fische viel bunte Schau,
sie schimmern in der schönsten Farbenpracht,
und glitzern, wenn die Sonne sie anlacht.

Das Meer ist klar und weit,
es ist ewig lang und ewig breit,
Inseln werden umspült von ihm,
Fische und Wassertiere bilden ein Team,
umlagert wird auch das große Festland,
ob mit dunklen Felsen oder hellem Sand.

Das Meer ist klar und belebt,
viele Touristen sind freudig erregt,
wenn sie vom Schiff ins Wasser springen,
Kinder mit Freunden planschend ringen,
wenn Taucher Muscheln ans Tageslicht bringen,
und Kinder im Boot dann fröhlich singen.

Das Meer ist klar und wild,
es ist ein unglaubliches Bild,
wenn die Wellen tosend rollen,
und Schaumflocken hochfliegen wie Pollen,
es ist gewaltig und man hört es toben,
man sieht, wie die Wolken dann auseinander stoben.

Das Meer ist klar und unergründlich,
man hört Fischer sagen: ‚Mit dem verbünd' Dich!',
sie angeln in ruhigem und wildem Gewässer,
keiner als sie kennt das weite Meer besser,
sie bringen den gefangenen Fisch nach Haus,
wenn nicht, dann fällt die Mahlzeit aus.

Das Meer ist klar und faszinierend,
so mancher Künstler fand es inspirierend,
er legte sich am Strand lange auf die Lauer,
wartete geduldig und mit viel Ausdauer,
um den schönen Sonnenuntergang zu malen,
nur noch schöner wäre ein Bild mit echten Walen.

Das Meer ist klar und voller Frische,
das genießen alle Wassertiere und Fische,
unter den Wellen gibt es großen Kampf ums Überleben,
denn das ist der Meeresbewohner Streben,
ob Seestern, Hai, Delfin, Sprotte oder Qualle,
sie wollen schwimmen und leben, in jedem Falle.

Das Meer ist klar und einsam,
es wünscht sich vielleicht, es wäre zweisam,
doch kann es schweigen, wann es will,
mit den Stürmen toben im April,
große und kleine Schiffe transportieren,
und für Meerestiere den Lebensraum zieren.

Verzichten!

Verzichten!
Es gibt zwei Arten,
ja und nein,
heiß oder kalt,
hell oder dunkel,
schwarz oder weiß,
weich oder hart,
gut und schlecht,
es kommt darauf an...

Verzichten!
entweder,
sich einengen,
und leiden,
sich kasteien,
oder,
sich beherrschen,
und zwingen,
weil man es will!

Verzichten!
Nein, danke,
hieß es immer bei mir,
die schönen Dinge,
die das Leben gibt,
ich nahm sie nicht mit,
so lautete meine Devise,
habe auf schöne Dinge verzichtet,
heute frage ich mich: für wen?

Verzichten!
Ich zwang mich,
etwas nicht zu nehmen,
hätte es gerne gehabt,
warum tat ich's nicht,
aus Höflichkeit,
der Etikette wegen,
besann ich mich nicht,
auf mich selber?

Verzichten!
Nimm Du ihn,
ich glaube, er will mich nicht,
das ist das Schlimmste,
auch das Dümmste,
verzichten auf einen Mann,
dessen Meinung man nicht kennt,
wenn es das gibt,
frag Dich, ob es richtig ist!

Verzichten!
Du willst das Stück Kuchen,
es lacht Dich an,
warum nimmst Du es nicht,
gucken die Leute,
reden sie über Dich,
weil Du etwas kräftiger bist,
lass sie reden,
sie sind schwächer als Du!

Verzichten!
Kann auch positiv sein,
wenn Du etwas wirklich willst,
so zwinge Dich,
habe ein gutes Gefühl dabei,
wenn noch nicht jetzt,
so dann später,
aber das,
ganz gewiss!

Verzichten!
Ein kleines Wort,
kann so weh tun,
kann Qualen auslösen,
kostet Überwindung,
macht aber auch stolz,
wenn wir es vollbracht haben,
dann ein Blick zurück,
wie schön, geschafft!

Verzichten!
Fasten ist sehr schwer,
es gibt einen Kampf,
zwei Tage lang,
dann wird's besser,
nach ein, zwei, drei Wochen,
hat man es geschafft,
man blieb stark,
was für ein Stolz!

Verzichten!
Kinder,
sie wollen so viel,
auf der Reise haben alle Durst,
Du, er, sie, die Kinder,
es gibt nur ein Getränk,
man gibt es den Kindern,
die Freude in ihren Augen,
das ist es wert!

Verzichten!
Wenn, dann tu's für Dich,
weil Du überzeugt bist,
dass es jetzt richtig ist,
niemals tu's für einen anderen,
der es nicht wert ist,
keine Opfergänge für die,
die es nicht zu schätzen wissen,
der Richtige wird es sehen!

Die Ferne

Meine Füße führen mich,
weit in die Ferne,
ich laufe,
nicht schnell,
reicht auch,
nur diesen Weg entlang,
ein Feldweg,
ganz klein,
nur Sand,
ganz festgetreten.

Wann ich ankomme,
ist nicht wichtig,
ich hänge ihnen nach,
meinen Gedanken,
lasse ihnen Freiraum,
sie sollen leben,
sich ausleben,
so wie meine Füße,
die mich tragen,
irgendwo hin.

Alles schwingt frei,
alles atmet,
tief,
versuche,
mich zu straffen,
um etwas Kraft zu haben,
in mir,
für die Umgebung
des Weges,
ist sonst so schade.

Sie zieht sonst vorbei,
ohne die gebürtige
Aufmerksamkeit,
die schöne Natur,
sie ist so reich,
so voll,
so vollkommen,
wir leben in ihr,
einfach so,
ich heute mit Genuss.

Da kommen Wanderer,
ich grüße,
sie grüßen,
wir lassen uns ziehen,
auch sie schwimmen dahin,

genießen den Weg,
die Freiheit,
die Ruhe,
sie tun es auch,
tanken Kraft.

Wir tanken Mut,
in der Ferne,
einfach schlendern,
fallen lassen,
nicht denken,
vielleicht mal lächeln,
ja, das tut gut,
das macht glücklich,
heute will ich es,
glücklich sein.

In der Ferne,
da kann ich noch was,
etwas ganz seltenes,
zufrieden sein,
es ist so viel um einen,
so viel Frieden,
so viel Freiheit,
ein weicher Duft,
von Blumen,
sie lassen mich lächeln.

Die Ferne tut gut,
bin froh,
dass ich's gemacht hab,
das Laufen,
habe so viel gesehen,
habe so viel gehört,
kannte ich schon alles,
wusste aber nicht mehr,
wie schön es ist,
wie gut es mir immer wieder tut!

Zeig Dich !

Weißt Du, was ich gerne sähe,
wenn Du da wärst, ganz dicht in meiner Nähe,
ich würde Dich streicheln und verwöhnen,
Du würdest es genießen, vielleicht stöhnen.

Unter meinen Händen, die zärtlich sind,
würde Dich liebevoll behandeln, wie ein Kind,
ich bin mir sicher, das würdest Du mögen,
genauso, wenn wir beide zusammen zögen.

Leider gibt es Dich noch nicht in meinem Leben,
hoffe aber, dass wir bald auf einander streben,
damit ich Dich endlich verwöhnen kann,
mit Liebe ziehe ich Dich geschickt in meinen Bann.

Ich wünschte, Du hättest auch solche Gefühle,
würdest mir genauso begegnen, nicht mit Kühle,
denn das wäre unglaublich furchtbar für mich,
wäre undenkbar, einfach ganz schrecklich.

Nein, ich stelle Dich mir lieb und nett vor,
wenn ich was erzähle, bist Du dann ganz Ohr,
Du kannst mit mir weinen und auch mal lachen,
und erleben noch ganz viele andere Sachen.

Ach, das wäre so unglaublich fein,
wüsste für mich, Du bist dann mein,
voller Wärme und voller Zärtlichkeit,
ich wäre für diesen Schritt bereit.

Doch wo soll ich Dich denn bloß finden,
würde Dich ja nicht gleich an mich binden,
sondern mir richtig viel Zeit mit uns lassen,
so dass wir uns erst eingehend nur mit uns befassen.

Wenn Du da wärst, dann fiele mir schon was ein,
ich will ja auch erst nur Dein Mädchen sein,
ich würde warten, was die Zukunft noch so bringt,
ob sie uns vielleicht in die Knie zwingt?

Allerdings kann ich mir gerade das nicht vorstellen,
Du bist bestimmt einer von den netten Junggesellen,
ja, einer von denen, genau das bist Du,
ist das aufregend, komm endlich her, mach zu!

Denn ich kann es kaum erwarten,
mit Dir all die schönen Dinge zu erraten,
wie Horoskop und Alter und so weiter,
das macht ungeheuer Spaß und man wird gescheiter.

Schade, dass ich nur in Hoffnungen schwelge,
und niemanden habe, bei dem ich mich melde,
es ist wirklich unglaublich schwer,
denn es sollte auch nur der Richtige her.

Einen Oberflächlichen für eine Nacht,
so etwas hab ich noch nicht gemacht,
das will ich auch überhaupt gar nicht,
also dann, bleib ich lieber beim Verzicht!

So, genug gedacht mit dem ganzen Gegrübel,
ich gehe nun raus, wohl oder übel,
denn hier ins Zimmer kommt er nicht geritten,
werde ihn draußen finden, vielleicht beim Hundesitten.

Erwischt

Du liegst bei ihr,
und nicht bei mir.
Was hat das zu bedeuten?
Ich höre keine Glocken läuten.

Das ist der Hammer!
Habe nie was gehört, kein Gejammer,
und plötzlich diese Frau!
Ich dachte, ich kenne Dich genau.

Aber ich habe mich getäuscht in Dir,
war auch voller Selbstzweifel in mir,
ich kann das einfach nicht verstehen,
dachte, Dir würde es genau wie mir ergehen.

Falsch, denn da liegt sie!
Würdest Du's sagen, glauben würd' ich's nie.
Verdammt, was hab' ich falsch gemacht,
habe ich Deinen Unmut entfacht?

Ich starre zu euch rüber,
der Tag wird immer trüber,
ich habe keinen Mut mehr,
ich finde, das war alles nicht fair.

Warum sagst Du eigentlich nichts?
Ist es wegen deines Gesichts,
oder siehst Du es überhaupt nicht so?
Schon klar, Du bist ja eigentlich froh.

Ich sehe es in Deinen Augen,
denen konnte ich immer glauben,
die würden mich nie anlügen,
sah dort alles, mehr als in Deinen Gesichtszügen.

Brauchst gar nicht wegsehen,
es ist doch nun geschehen,
habe euch beide hier erwischt.
Haben sich bei Dir die Gefühle vermischt?

Kann mir nicht vorstellen, wie das geht,
ob das Gleichgewicht ins Schwanken gerät,
oder ist es vielleicht ganz einfach,
man legt die Neue eiskalt flach?

Warum hast Du mir davon nur nichts gesagt,
ich hätte nicht sofort verzagt.
Klar, ich hätte gekämpft um Dich,
weil ich Dich liebe, sicherlich!

Hättest Du das denn nicht getan,
so einfach ziehen lassen, einfach fahr'n?
Kann schon sein, dass Du so bist,
dann hättest Du mich auch nicht vermisst.

So, und nun? Was mache ich nur?
Soll ich das Telefon rausreißen an der Schnur,
oder Türen knallend laut verschwinden,
euch fesseln und sauer ans Bett binden?

Nein, das ist alles keine gute Idee,
ich denke, das tut mir nur selber weh.
Ich werde gehen und euch lassen,
werde den Verlust sowieso erst morgen fassen.

Ich wende mich und geh' zu Tür,
Du hebst die Hand, ich lächle: „Wofür?"
Für diesen Hauch von 'bleib doch hier'?
Glaubst Du, es macht mir Spaß mit ihr?

Ich denke wieder, wie naiv Du doch bist,
als wenn ich mitmachen würde, bei so einem Mist.
Aber so warst Du immer schon,
ich gehe, ohne einen weiteren Ton.

Bleib nicht stehen!

Vergessen ist die wunderbare Zeit,
sehe Dich vor mir in Deinem neuen Kleid,
Du warst so unglaublich stolz darauf,
damals gabst Du Dich noch nicht auf.

Und heute, was ist aus Dir geworden,
hattest Du keine Hoffnung mehr auf morgen?
Du wolltest so viele Dinge ganz schlicht bewegen,
und damit auf ein sehr großes Ziel hinstreben.

Aber jetzt, so schau Dich doch an,
was hast Du denn nur mit Dir getan,
alle Ziele und Freuden sind auf einmal weg,
Du winkst ab, es habe alles keinen Zweck.

Ich denke schon! Fang einfach noch mal an,
zu mir sagtest Du immer: „Sieh, mal, was ich kann!"
Aber es machte Dir Angst wie ein Ungeheuer,
jetzt weiß ich, es war doch nur ein Strohfeuer.

All' deine Worte und vielen Reden,
die klangen nicht überzeugend, eher verwegen,
ich habe mich damals schon gewundert,
ärgert mich heute, bringt mich auf hundert.

Warum tust Du Dir das selber an,
Du ziehst sowieso alle in deinen Bann,
eigentlich hast Du es doch sehr einfach,
ich höre Deine Worte: „Gemach, gemach!"

Muss gestehen, ich verstehe Dich nicht,
warum gehst Du diesen Weg, der bricht,
Du könntest es soviel besser haben,
mach' Dir eine Zeit mit schönen Tagen.

Aber das Risiko hast Du ja immer gesucht,
wie oft habe ich Dich dafür verflucht,
anstatt auf der sicheren Seite zu bleiben,
und die begleitende Angst zu meiden.

Da sitzt Du nun, wie ein Häufchen Elend,
Dein Anblick ist leidend und quälend,
ach, könnte ich Dir doch nur helfen,
würde Dich entführen in das Land der Elfen.

Einfach irgendwo hin mit Dir,
vielleicht auch nur zum Entspannen zu mir,
aber davon willst Du ja nichts wissen,
tut mir leid, aber ich finde das echt beschissen.

Anstatt Dir einen Ruck zu geben,
voll wieder einzusteigen in Dein Leben,
mit Schwung und Kraft einfach weitermachen,
lernen, orientieren, Dich ausfüllen und solche Sachen.

Plötzlich sehe ich ein Leuchten in Deinen Augen,
mein Herz klopft, kann es kaum glauben,
ist denn meine Botschaft angekommen,
hast Du endlich den Sinn vernommen?

Dann redest Du auf einmal wie verrückt,
bist von tausend neuen Gedanken total verzückt,
schmeißt Ideen und Hoffnungen in einen Topf,
„Mensch, war ich dumm!", fasst Dir an den Kopf.

Ja, ich klatsche in die Hände, so ist es richtig,
dieser Schritt ist für Dich unglaublich wichtig,
gebe Dich einfach niemals auf,
bleibe immer stark und obendrauf!

Du umarmst mich schnell und sehr heftig,
dann rennst Du los, total geschäftig,
hast auf einmal soviel Kraft und Mut,
„Ich danke Dir, Mami, das tut so gut!"

Was war das?

Was war das?
Höre ein Geräusch,
mal laut, mal leise,
mein kleiner Bruder,
er nervt,
sei doch mal still!
Kann sonst
nichts hören,
wo kommt es her?
Von dort drüben.

Was war das?
Warum redest
du jetzt,
ich kann es wieder
nicht hören,
kam von dahinten,
oder von rechts?
Sonderbarer Laut,
jetzt ist es weg,
nicht mehr da.

Was war das?
Es ist wieder da,
will's mir
was sagen,
wenn ja,

was?
Verstehe ich nicht,
kann ich auch nicht,
wenn du immer redest,
immer dazwischen.

Was war das?
Wäre jetzt gerne alleine,
kann dich nicht rausschicken,
nur weil da
was ist,
etwas,
was du nicht hörst.
Willst du es nicht hören,
oder kannst du es nicht?
Ist mir egal.

Was war das?
Schon wieder!
Ich stehe
jetzt auf,
gehe in die Richtung.
Völlig verrückt,
weiß ich,
lässt mir keine Ruhe,
ich geh da
jetzt hin.

Was war das?
Lass mich los!
Da ist wirklich was,
nur, weil du
es nicht hörst,
muss es da noch lange
nicht nichts geben.
Bin schon auf dem Weg,
hast keine Chance,
mich davon abzubringen.

Was war das?
Nun bin ich
dicht dran,
hab's gerade
wieder gehört.
Wird nicht deutlicher,
so ein Mist,
so ein Kinderkram!
Komme mir albern vor,
hab's aber gleich.

Was war das?
jetzt gibt's mir langsam
zu denken,
ist ein Rauschen,
so wie ganz viel,

ganz viel von oben.
Was soll ich tun?
Klingt so
bedrohlich,
hab jetzt echt Angst.

Was ist das?
Ich spüre etwas
an meinem Arm.
Das Rauschen ist noch da,
immer nur an einer Stelle,
sehr gleichmäßig,
ohne hin und her.
Erschrecke mich,
sehe die lächelnden Augen
meiner Mutter.

Was ist das?
Sie lächelt noch immer,
sagt, ich müsse aufstehen.
Aha, ich habe geschlafen.
Aber das Rauschen,
was rauscht da?
Frage ich,
von ihr, ein liebevoller Blick:
„Das sind die Bäume,
ein Sturm war da."

Ruf an!

Wenn ich hier an Dich denke und überlege,
meine Gedanken langsam sind und träge,
dann fühlt es sich an wie schweres Blei,
Du bist weit weg, ist mir nicht einerlei!

Ich kann nur hoffen, Du vergisst mich nicht,
gib mich nicht auf, es wäre ein Verzicht.
irgendwo da draußen in diesem fernen Land,
nein, ich weiß, ich glaube an Deinen Verstand.

Aber verdammt, warum rufst Du nicht an,
es ist doch ganz einfach, ich geh auch ran,
was ist nur los mit Dir, wo treibst Du Dich rum,
ist es eine andere, die Dich anlächelt, stumm?

Ruf mich an und sag's mir ganz ehrlich,
mit unserer Beziehung wird es sonst gefährlich,
ich will nicht länger auf das Klingeln warten,
ich glaube, Du wirst unsere Beziehung verraten.

Ich spüre, Du hast viel mehr im Sinn mit ihr,
Du willst sie haben, mein Gefühl sagt es mir,
dann brauche ich nicht aufs Zeichen zu lauern,
sorry, aber um Dich werde ich nicht trauern!

Da, das Telefon läutet, laut und oft,
ich habe seit einer Woche darauf gehofft,
doch nun habe ich keine Meinung mehr,
auch wenn es mich fertig macht, so sehr.

Ich lasse es läuten, sehe es nur an,
Du hast ehrlich selber Schuld daran,
hättest Du früher mal an mich gedacht,
so wäre ich glücklich, hätte mit Dir gelacht.

Darum denke ich nur: so schnell kann's gehen,
unverhoffte Dinge können einfach geschehen,
meiner kannst Du Dir jetzt nicht mehr sicher sein,
Du bist in meinen Augen geschrumpft, sehr klein.

Das Telefon verstummt mit einem Mal,
hast mich aufgegeben, wie? Ist auch egal.
nun ist es wirklich nicht mehr wichtig,
Hauptsache, Du findest das alles richtig!

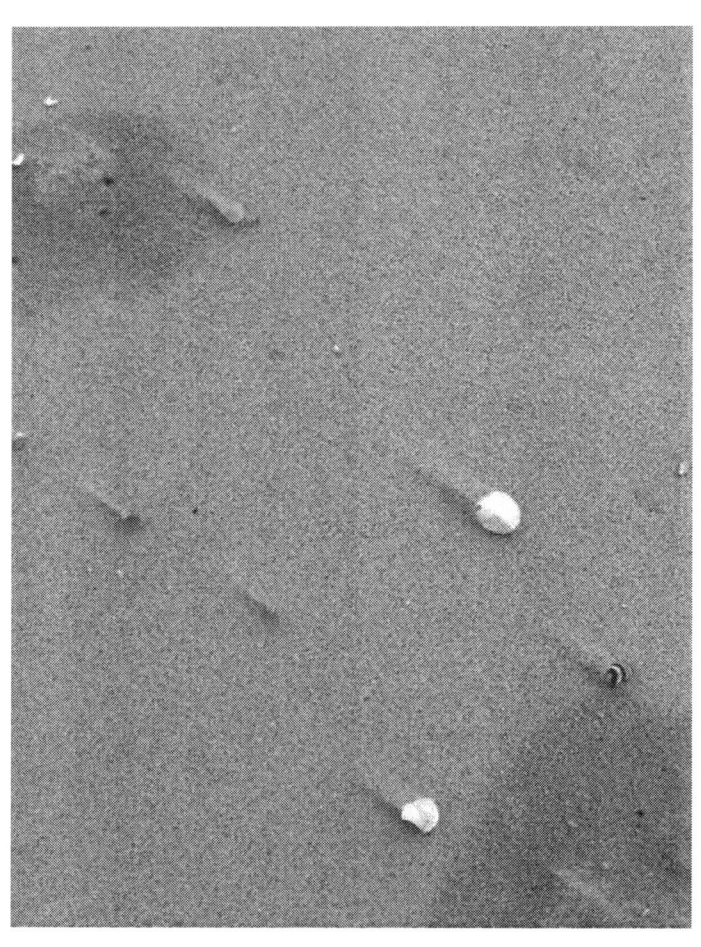

Die Natur

Habe es noch nicht getan,
bisher,
sie beim Namen genannt,
klingt groß,
Natur!
Klingt schön,
ein Unikat,
gut,
denke ich,
dass es Dich gibt.

Wolken ziehen auf,
ist auch Natur,
sie macht,
was sie will,
lässt es regnen,
lässt es schneien,
lässt den Wind blasen,
lässt die Sonne scheinen,
so ist die Natur,
einfach mächtig!

Sie kann noch mehr,
lässt uns leben,
unsere Kinder singen,
Fische schwimmen,
Löwen kämpfen,
Gräser wiegen,
Bäume wachsen,
Blumen duften,
durch wilde Farbenkleckse,
macht sie die Welt bunt.

Ich gehe weiter,
immer weiter,
mitten durch,
durch die Natur,
sie bietet so viel,
je mehr ich überlege,
desto mehr kann ich es,
alles aufzählen,
schaffe kaum,
zum Ende zu kommen,
sie ist wirklich viel.

Ich sehe wieder nach oben,
Wolken ziehen,
sie sind weiß,
der Himmel darunter,
oder ist er darüber,

er ist blau,
Farben,
wohin das Auge sieht,
Geräusche,
soviel das Ohr hört.

Ein Rascheln und Knistern,
ein Piepen und Zirpen,
alles in den Bäumen,
auch im Gras,
oder in den Gräsern,
tausend kleine Tierchen,
sind einfach da,
sie hat sie da rein gesetzt,
hat sie bunt gemacht,
die Natur.

Ich komme an einen Bach,
höre ein Rauschen,
sehe weiße und blaue Farben,
können auch grün sein,
Fische sehe ich nicht,
weiß aber,
sie sind da,
sehen mich vielleicht,
durch die Wasseroberfläche,
ob sie wohl kichern?

Ich gehe zurück nach Hause,
während ich sinnend Tee trinke,
denke ich wieder daran:
wenn ich sehe,
wenn ich höre,
wenn ich fühle,
wenn ich rieche,
alles ist die kostbare Natur.

59

Wo bist du?

Wo bist Du?
Sag' es mir endlich,
ich werde nicht
länger suchen.
Sag's mir!
Es ist müßig,
ist ermüdend,
ich will
nicht mehr,
hab jetzt genug!

Wo bist Du?
Es strengt an,
Dich hier zu finden,
ohne ein Wort,
von Dir zu hören.
Ich kann nicht mehr!
Will jetzt hier weg,
raus aus diesem Wald,
bin doch kein Kind mehr.
So komm' doch her!

Wo bist Du?
Langsam geht es
mir auf die Nerven,
hier rum zu irren,
einfach nur so.

Was denken die anderen,
wenn ich hier suche,
gucken schon
so merkwürdig,
dabei suche ich Dich.

Wo bist Du?
Wird mir jetzt langsam
echt zu albern.
Wo kannst Du denn sein?
Ich find' Dich einfach nicht.
Los, gib mir einen Tipp,
ruf doch mal,
gib mir einen Laut.
Ach, man,
das ist ja blöd!

Wo bist Du?
Gott, ist das öde!
Versteckst Dich,
einfach so,
wie die Kinder,
merkst Du denn nichts?
Dauert doch alles
viel zu lange,
kann nicht mehr,
hab keine Lust mehr.

Wo bist Du?
So, jetzt reicht es!
Ich gehe
jetzt weg,
gehe einfach
nach Hause.
Rufe es Dir zu,
Du antwortest nicht,
selber schuld,
ist mir völlig egal.

Wo bist Du?
Ich gehe nun,
achte nicht mehr auf Dich,
komme endlich
zu Hause an.
Mache mir einen Kaffe,
gehe ins Wohnzimmer,
um ihn zu genießen.
Das ist der Hammer,
denn da sitzt Du!

Der Streit

Wir haben uns gestern gestritten,
welcher Teufel hat uns nur geritten,
dass es so laut werden musste,
jetzt gibt's Verzweiflungen und Verdrusste.

Es fing an aus einem kleinen Spaß,
doch wir verloren beide total das Maß,
musste es denn erst so weit kommen,
keiner hatte die Warnung des anderen vernommen.

Ich ärgere mich jetzt wirklich sehr,
aber das tut man ja immer hinterher,
warum kommt es denn immer so weit,
wir leben doch nur zu zweit.

Dass man sich da so bekriegen kann,
und man Worte sagt, die weh tun dann,
also so will ich das auch überhaupt nicht,
weil einem, meist beiden, das Herz dann bricht.

Egal, welches Herz es dann auch ist,
so etwas ist immer großer Mist,
man verliert dann Zeit und Raum,
kommt sich vor, wie im Alptraum.

Ich finde es immer ganz entsetzlich,
denn ich werde für Vieles so sehr verletzlich,
dann verliere ich die Kraft und Ruhe,
rede gemein, auch wenn ich nur so tue.

Ich will dann auch Dich mal treffen,
indem ich versuche, Deine Art nachzuäffen,
und im Grunde wird's nur zur großen Schau,
bringt nichts, das weiß ich allerdings sehr genau.

Wenn wir dann so richtig am Streiten sind,
komme mir dann vor, wie ein kleines Kind,
das sich mit Händen und Füßen verzweifelt wehrt,
erlebe ich auch nur bei mir, nicht umgekehrt.

Ich versuche, mich zu beherrschen, ehrlich,
aber manchmal werden gewisse Sätze unentbehrlich,
da muss man schon mal ganz schön kämpfen,
und hoffen, der andere wird's ein wenig dämpfen.

Sind wir schon lange beim Streiten dabei,
werden mir so langsam die Sätze einerlei,
da will ich dann nur noch zum Ende kommen,
vernehme Deine Worte als wäre ich wie benommen.

Warum müssen wir uns eigentlich so ereifern,
wir starren uns an, sind wild am Geifern,
suchen die ganze Zeit nach einer winzigen Lücke,
um des anderen Wort zu verdrehen mit Tücke.

Eigentlich bin ich schon ziemlich froh,
dass Du gleichstark bist, wie ich, irgendwo,
bin zwar beim Streiten recht angespannt,
höre aber Deiner Meinung zu und das sehr gebannt.

Wenn man vor sich jemanden anderen hat,
ich sage das jetzt mal ganz platt,
der vom Thema keinen blassen Schimmer hat,
dann setzte ich ihn einfach gnadenlos Schach Matt.

Da zeigt sich's dann schon,
mit wem ich hier zusammen wohn',
Gott sei Dank, dass Du diese Stärke mitbringst,
mich ab und an damit auch mal in die Knie zwingst.

Es ist wichtig, einen starken Partner zu haben,
man kann sich auch beim Streit an Worten laben,
doch ich finde, ein faires Ende sollte es geben,
man möchte ja weiterhin harmonisch zusammen leben.

K O L J A

Er stand da,
weit von mir,
wir waren getrennt,
er sah mich kaum,
sah gar nicht her,
hatte mich nicht
gesehen,
ich betrachtete ihn,
seine Locken,
sie wehten im Wind.

Er war
mir nah.
wirkte traurig,
ohne,
dass ich sie sah,
seine Augen,
sein Kopf war geneigt,
sah auf den Boden,
ich ging auf ihn zu,
er hörte mich nicht.

„Kolja...",
ein Ruf aus der Ferne,
nicht von mir,
er zerriss die Luft,
hallte noch nach,
ziemlich lange sogar,
ich erschrak,
er nicht,
er nur stand da,
ganz ruhig.

Er sah sich um,
drehte den Kopf,
blieb stumm,
wand sich mir zu,
ich spürte
einen Stich,
sah seine Augen,
groß,
braun,
endlich!

Seinen Blick auf mir,
ruhig,
so schwiegen wir,
auch ich,
ich versuchte zu lächeln,

ohne Erfolg,
er blieb starr,
sah mich nur an,
„Was ist?",
fragte ich.

Er redete nicht,
zuckte nicht,
rührte sich nicht.
„Hallo, was ist...?"
ich gab' mir Mühe,
doch er blieb hart,
kein Wort,
keine Regung,
es war
seine Art.

Es war ungerecht,
war gemein,
„Rede mit mir...!"
rief ich ihn an,
flehte sehr,
doch dann,
wollte ich nicht mehr,
versuchte's nicht mehr,
wollte jetzt sein wie er,
oder nicht?

Ich ging
auf ihn zu,
also doch,
brach
meinen Schwur,
sehnte mich,
nach ihm,
doch er,
wich zurück,
„Nein, nicht...!"

Meine Hand,
sie rang zu ihm,
wollte ihn halten,
ihn fühlen,
ihn hören,
aber er stand,
nur da,
wie
eine Statue,
im Abendlicht.

Es fing an
zu regnen,
lautlos und leise,
er blieb,
ich wagte

noch einen Schritt,
ich war
ihm nahe,
könnte ihn berühren,
tat es nicht.

Seinen ruhigen Atem,
ihn spüren,
sah ihn nur an,
er blickte zurück,
dann tat ich's
endlich,
„Kolja...?",
ich hauchte,
er zuckte,
aber nicht zurück.

Er sah mich an,
wie eben,
aber anders,
der Regen,
er wurde stärker,
seine Locken
schwerer,
Tropfen lösten sich,
sie fielen
auf den Boden.

Plötzlich,
rührte er sich,
er rümpfte
die Nase,
sog die Luft ein,
langsam,
ich hielt sie an,
er blinzelte ruhig,
mein Herz schien
zu stehen.

Ich brachte
keine Regung hervor,
kein Gehen,
nur Warten,
auf ihn,
dann,
er hob die Hand,
Ein Wink?
Nein, nein,
geh' nicht!

Mein Herz schien
zu schreien,
er drehte
sich um.
Nein,

tu's nicht,
so bleib'!
Ich suchte
meine Stimme,
meinen Mut.

So durfte es
nicht enden,
nicht so!
Ich rief,
verzweifelt,
mit Gefühl:
„Bitte Kolja,
bleib hier...!"
Mein Herz klopfte
laut.

Er blieb stehen,
wartete,
endlos,
wie mir schien,
da,
er drehte sich,
mitten im Regen,
sah mich an,
sah meine Tränen,
begriff sie.

Er kam
zu mir,
wie in Trance,
oh nein,
ich falle,
kann mich
kaum halten,
meine Gedanken,
sie scheinen
zu schreien.

Er hielt
vor mir,
sah mich an,
ein letztes Mal,
und tat es,
leicht und sanft,
im Regen,
für mich,
mit Wärme,
er lächelte!

Deine Stimme

Ich versuche,
mich zu konzentrieren.
Dein ebenmäßiges Bild,
Deine schöne Stimme,
beides in Erinnerung zu rufen.
Ich will Dich sehen und hören,
in meinen Gedanken,
hoffe, sie locken Dich an.

Ich denke an Dich,
halte an der Vorstellung fest,
die das vage Bild,
das in meinem Kopf ist,
von Dir noch hat.
Ich klammere mich
an diesen Zipfel von Dir,
an Deine ferne Nähe.

Du bist nicht da,
schade,
es tut mir so weh.
Würde Dir gerne was erzählen,
über mich,
vielleicht über uns...
Willst Du das überhaupt hören?
Eigentlich kennen wir uns nicht.

Sah Dich gestern im Café.
Du unterhieltest Dich,
mit liebevoller Stimme,
mit einem Kind.
War's von Dir?
Nein.
Hast es nicht mitgenommen.
Du warst so locker und stark.

Ich hörte Deine Stimme.
Sie war sanft und weich,
sie redete klug und gekonnt.
Du weißt genau,
was Du sagst.
Du sprichst auch gern,
hab' ich gemerkt.
Leider hast Du mich nicht gesehen.

Sollte ich mich aufdrängen?
Nein,
so will ich das nicht.
Das bin ich nicht.
Ich war nur da,
eine Stunde bei Dir,
am Nachbartisch.
Dafür bin ich jetzt alleine.

Hätte das denn Sinn gemacht,
einfach so hinzugehen,
Dich anzusprechen,
zu lächeln,
unsicher,
einfach so?
Wie hättest Du das gefunden?
Jetzt weiß ich es nicht.

Ich ärgere mich,
hätte ich's doch ausprobiert.
Deine Gedanken,
sie hätten mich gestreift,
hätten ihren Weg gefunden,
in Deiner Stimme.
Sie hätte dann kurz mir gehört,
ich hätte sie genossen.

Nun weiß ich nicht,
wie es sich anfühlt,
wie sie mich berührt hätte,
mich vielleicht bewegt hätte,
wie sie sich den Weg gebahnt hätte,
zu meinem Ohr,
zu meinem Inneren,
einfach zu mir.

Ich sitze hier schon lange.
Viel zu lange,
in dem selben Café,
Du bist nicht da,
Deine Stimme ist nicht da.
Kann auch nicht sein.
Gäbe es Dich nicht,
wäre ich auch nicht hier.

Auf einmal,
ich höre Deine Stimme,
drehe mich um.
Aber das bist nicht Du,
ist viel älter,
sieht ganz anders aus,
redet auch nicht so weich.
Schade!

Nun gehe ich.
Hat mich zu sehr aufgewühlt,
die Stimme ohne Dich.
Nehme den Bus,
es ist so warm,
schaue aus dem Fenster.
Der Bus auf dem Rückweg,
er kommt uns entgegen.

Ich schaue,
mit wenig Kraft,
denke an Dich und...,
Du weißt schon.
Doch da, sehe ich Dich!
Im Bus nebenan,
das kann nicht sein,
ich winke.

Du guckst herüber,
schaltest aber nicht.
Ich winke noch immer,
Du leider nicht,
und weg bist Du,
mit Deiner schönen Stimme,
einfach fort gefahren,
ohne mich!

Warum gehst Du?

Warum gehst Du?
So ohne ein Wort,
Dich noch mal umsehend,
ich brauche keinen Blick,
brauche kein Mitleid.
Geh doch!
Geh nur weg,
ist mir egal.

Warum gehst Du
einfach so fort?
Ich verstehe Dich nicht,
es war doch nichts.
Warum guckst Du so?
Ich find' das blöd,
sehe weg,
aus dem Fenster.

Warum gehst Du?
Siehst mich
noch immer an.
Unangenehme Situation!
Geh' doch endlich,
dann haben wir Ruh'!
Bau Dich selber auf,
mich brauchst Du ja nicht.

Warum gehst Du?
Glaube, Du weißt es selber nicht.
Bist unsicher,
ich kenne Dich,
so wie immer.
Schade!
Keiner liebt Dich so wie ich,
keiner hält Dich so hoch.

Warum gehst Du?
Hast es hier doch gut,
wir hatten so viel Spaß,
hatten so viel Freude am Leben.
Und jetzt das.
Einfach weg gehen,
so ohne irgendwas.
Ich verstehe Dich nicht.

Warum gehst Du?
Ist das die beste Lösung für Dich,
hast Du nicht mehr Ideen?
Gibt es da nicht noch eine andere,
ich meine Idee,
oder hast Du eine Andere?
Das muss es sein,
gibt keine andere Erklärung.

Warum gehst Du?
Das ist doch Unsinn.
Du liebst mich?
Andersherum auch.
Wir sind nicht verfeindet,
was gibt es da für Gründe,
wesentliche, meine ich.
Verstehst Du mich eigentlich?

Warum gehst Du?
Langsam stelle ich mir die Frage nicht mehr.
Merke, es hat keinen Sinn,
Du bist überzeugt.
Keiner bringt Dich davon ab.
Also gut,
adieu,
geh mit Gott, aber geh!

Warum gehst Du?
Warum tust Du es nicht einfach,
kurz und schmerzlos.
Da, Du nimmst die Klinke in die Hand,
kommst zurück,
gibst mir einen Kuss,
dann gehst Du aus der Tür.
Du hast es getan, vergiss mich nicht!

So schaffst Du es!

Du denkst oft: 'die ist zu groß, diese Hürde,
verrückt, was ich mir alles aufbürde!'
Doch solltest Du es ruhig versuchen,
um dann Deinen Erfolg zu verbuchen.

Das Motto lautet: Schritt für Schritt,
so bekommst Du den Giganten gar nicht mit,
denn alles wirkt so sehr viel kleiner,
und hörst dann auf, zu sagen: 'Das schafft ja keiner!'

Eine große Arbeit, die getan werden muss,
stürzt Dich oft in tiefen Verdruss,
aber das muss wirklich nicht sein,
einfach machen, so bleibt es klein.

Ein Anfang ist für alles wichtig,
andere halten es vielleicht für nichtig,
doch Hauptsache, Du selber findet dieses gut,
daraus schöpfst Du doch den meisten Mut.

Es wird immer irgend einen geben,
so ist das nun mal in unserem Leben,
der das eine oder andere gut finden wird,
der vielleicht mehr möchte, bis Dir der Kopf schwirrt.

Du kannst es dann oft nicht für möglich halten,
einer mag das Werk, vielleicht eins von Deinen Alten,
so stellt man es wieder einmal fest,
wichtig ist, dass Du Dich nicht beirren lässt.

Wenn Du denn erst mal am Machen bist,
stellst Du fest, dass Du keinen Schwung vermisst,
denn der Deine ist schon lange da,
und bewegt etwas für Dich: einfach wunderbar!

Oftmals braucht man gar nicht mehr,
nur der Anfang, der ist immer schwer!
Bist Du erst mal in mitten des Themas voller Lust,
verfliegt auch sofort der anfängliche Frust.

Wenn Kunden sich dann immer noch beklagen,
dann ist das wie ein Schlag in den Magen,
ein wenig musst Du Dich dann zwingen,
nicht Deine Fäuste gegen sie zu schwingen.

Leicht ist es nur für den Betrachter,
der sagen kann: „Klar, das macht er!",
der Dir dann freundlich auf die Schulter klopft,
Dir aber bereits der Schweiß von der Stirne tropft.

Hast Du endlich Dein ganzes Werk vollbracht,
und es hat Dir auch sehr viel Freude gemacht,
so kannst Du mit stolzer Brust dann sagen:
„Das habe ich geschafft an an meinen schönsten Tagen."

Danksagung

Ich danke liebevoll meinem Matthias, der mir bei
den grossen Dingen immer zur Seite steht und
mich stets in meinem Tun bestärkt.
Mein Stern, der auch von
innen leuchtet!